La vida de una mariposa

Dona Herweck Rice

Asesor

Timothy Rasinski, Ph.D.
Kent State University

Créditos

Dona Herweck Rice, *Gerente de redacción*
Robin Erickson, *Directora de diseño y producción*
Lee Aucoin, *Directora creativa*
Conni Medina, M.A.Ed., *Directora editorial*
Ericka Paz, *Editora asistente*
Stephanie Reid, *Editora de fotos*
Rachelle Cracchiolo, M.S.Ed., *Editora comercial*

Basado en los escritos de *TIME For Kids.*

TIME For Kids y el logotipo de *TIME For Kids* son marcas registradas de TIME Inc.
Usado bajo licencia.

Teacher Created Materials

5301 Oceanus Drive
Huntington Beach, CA 92649-1030
http://www.tcmpub.com

ISBN 978-1-4333-4420-6

© 2012 Teacher Created Materials, Inc.

Primero, hay una **mariposa**.

Pronto será una madre.

La madre mariposa
pone **huevos.**

Pone los huevos sobre una planta. La planta será alimento para las crías.

Finalmente, los cascarones se abren.

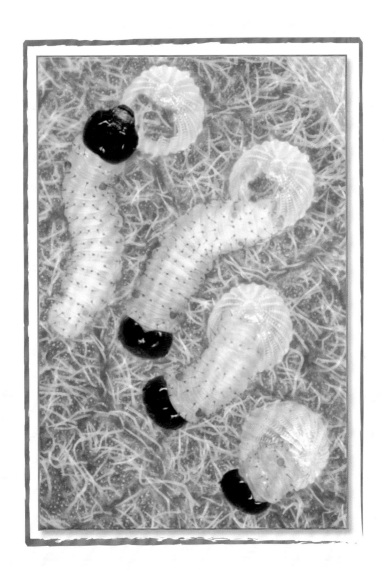

Una **oruga** sale de cada
huevo.

Cada oruga come y crece.

Luego, cada oruga se
convierte en una **crisálida**.

Dentro de su cubierta dura
la crisálida cambia.

Después, la mariposa sale
de la crisálida.

¡Puede volar!

La mariposa nueva se une
a otras mariposas.

Vuelan y comen durante
todo el día.

Ponen huevos nuevos.

Los huevos nuevos se
volverán nuevas mariposas.

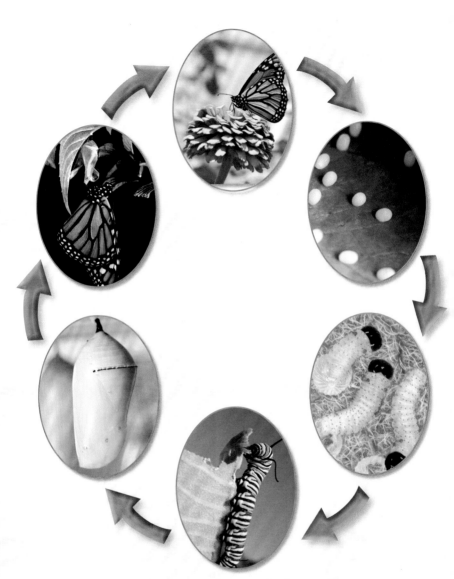

Esa es la vida de
una mariposa.

Glosario

crisálida

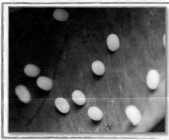

huevos

mariposa

oruga

Palabras para aprender

abren	luego
alimento	madre
convierte	mariposa
crías	oruga
crisálida	planta
después	pone
finalmente	primero
huevos	vida